LECTURES CLE EN FRANÇAIS FACILE

Le Rouge et le Noir

Stendhal

Adapté en français facile
par Brigitte Faucard-Martinez

Crédits photographiques
Couverture : gold36/Fotolia
Page 3 : BIS / Ph. H. Josse © Archives Larbor

Direction éditoriale : Béatrice Rego
Édition : Sylvie Hano
Couverture : Fernando San Martin
Mise en page : Isabelle Vacher
Illustrations : Conrado Giusti
Enregistrement : Vincent Bund

© CLE international, 2017
ISBN : 978-209-031788-6

Henri Beyle, dit Stendhal, naît en 1733, à Grenoble. En 1800, il est envoyé à Paris pour entrer à Polytechnique, mais il abandonne vite ses études et obtient un poste au ministère de la Guerre. Il accompagne Bonaparte en Italie et assiste à la bataille de Marengo.

Il quitte l'armée en 1802. Il se met alors à voyager, surtout en Italie, pays qui le fascine. En 1831, il est nommée consul à Civita-Vecchia, poste qu'il occupe jusqu'à sa mort, en 1842.

Son œuvre, qui se compose de romans – *Armance* (1827), *Le Rouge et le Noir* (1830), *La Chartreuse de Parme* (1838)… – de nouvelles, d'écrits autobiographiques, donne une vision des mœurs de son temps.

Le Rouge et le Noir est le deuxième roman de Stendhal, après *Armance*, livre qui n'a pas eu de succès.

Dans ce roman, l'auteur parle de l'ascension sociale et des amours d'un jeune paysan ambitieux, Julien Sorel. Fils d'artisan et éduqué par le curé de son village, le jeune homme rêve de gloire et veut conquérir la société. Il découvre – trop tard – que la seule chose qui importe est son amour pour madame de Rênal.

Pour écrire son roman, Stendhal s'inspire d'un fait divers publié dans la *Gazette des Tribunaux*, en décembre 1827 : un jeune homme, fils d'artisans pauvres et honnêtes, instruit par un curé, tue sa maîtresse pendant qu'elle assiste à une messe.

Le Rouge et le Noir, roman réaliste et psychologique, est une sorte de réflexion sur le bonheur.

Le titre de ce roman a toujours intrigué les lecteurs. Il y en a eu plusieurs interprétations dont la plus simple est celle du jeu de la roulette (rouge et noir) : le héros joue le noir et perd. Selon l'interprétation la plus courante, le rouge symbolise l'armée et le noir le clergé (l'église). Julien hésite entre une carrière militaire et l'église, qui lui a permis de s'instruire.

Ce roman a fait l'objet de plusieurs adaptations, au cinéma et à la télévision, dont la plus connue est le film de Claude Autant-Lara, avec Gérard Philippe et Danielle Darrieux.

Les mots ou expressions suivis d'un astérisque (*) sont expliqués dans le Vocabulaire, page 61.

PREMIÈRE PARTIE

C'ÉTAIT UN BEAU JOUR D'AUTOMNE. M. de Rênal, un industriel*, maire de la jolie ville de Verrières, en Franche-Comté[1], se promenait avec sa femme et ses trois petits garçons sur le cours de la Fidélité.

– Je veux absolument prendre chez moi Julien Sorel, le fils du charpentier*, comme précepteur* des garçons. C'est un futur prêtre*, bon latiniste, et qui fera faire des progrès aux enfants car il a un caractère ferme, selon le curé* Chélan. Je lui donnerai 300 francs par mois et la nourriture.

– Cela me paraît bien, a répondu sa femme.

– Tu approuves donc mon projet ? a dit M. de Rênal en remerciant sa femme par un sourire. Donc, c'est décidé ! Demain, je parlerai au père Sorel.

Cette résolution a laissé Mme de Rênal toute pensive. C'était une femme d'une trentaine d'années, grande et belle et qui semblait fort simple.

Le lendemain, M. de Rênal est donc allé trouver le père Sorel. Après une longue négociation, au cours de laquelle Sorel a parlé de M. Valenod – le grand ennemi de M. de Rênal – qui, apparemment, lui avait fait une proposition fort intéressante, le charpentier a accepté de laisser partir son fils pour 400 francs. Il a demandé que l'habillement soit compris et que les repas soient pris avec les maîtres de la maison.

Deux heures plus tard, Julien Sorel sortait de chez lui avec une petite valise pour se rendre chez M. le maire.

---

1. Franche-Comté : région française, frontalière avec la Suisse. Sa capitale est Besançon.

En passant devant l'église* de la ville, il a eu le désir d'y entrer un moment. Il n'y avait personne. À l'occasion d'une fête, tous les vitraux avaient été couverts d'un tissu cramoisi[2]. L'effet était étrange. Julien s'est avancé dans l'église et s'est assis sur le plus beau banc. Il portait les armes[3] de M. de Rênal. Il a alors vu un morceau de papier, mis là comme pour être lu. Voilà ce qu'il disait :

Détails de l'exécution de Louis Jenrel, exécuté à Besançon, le…

Le papier était déchiré. Derrière, on lisait les premiers mots d'une phrase : *Le premier pas…*

– Qui a pu mettre ce papier ici ? a dit Julien. Pauvre malheureux, a-t-il ajouté avec un soupir, son nom fini comme le mien.

Puis il a froissé[4] le papier. En sortant, Julien a cru voir du sang près du bénitier* ; c'était de l'eau bénite qui était tombée : le reflet des rideaux rouges la faisait ressembler à du sang. Julien a alors eu honte de sa terreur secrète. « Serai-je un lâche[5] ? s'est-il dit. En route ! » Et il est sorti de l'église d'un pas décidé et a marché rapidement vers la maison de M. de Rênal.

Malgré ses résolutions, quand il l'a vue à vingt pas de lui, il a été envahi par sa timidité. La grille était ouverte. La maison lui semblait magnifique, il fallait entrer là-dedans.

Mme de Rênal sortait à ce moment-là par la porte-fenêtre du salon qui donnait sur le jardin. Elle a aperçu un jeune homme, aux allures de paysan* mais fort propre, qui se dirigeait vers la porte d'entrée de la maison.

---

2. Cramoisi : rouge foncé.
3. Armes : ensemble des dessins, symboles qui sont l'emblème d'une famille.
4. Froisser : écraser, fripper.
5. Lâche : qui manque de courage, recule devant le danger.

– Que voulez-vous ? lui a-t-elle demandé.

Julien s'est retourné vivement et, frappé par la beauté de Mme de Rênal, il est resté sans voix. Mme de Rênal a dû répéter sa question.

– Je viens pour être précepteur, madame, a-t-il fini par dire.

Mme de Rênal était troublée. Ils étaient très près l'un de l'autre à se regarder. Julien n'avait jamais vu une femme aussi bien habillée et si belle lui parler d'un air si doux. Mme de Rênal s'est alors mis à rire ; en fait, elle se moquait d'elle-même et était très contente. Quoi, c'était là ce précepteur qu'elle s'était imaginé comme un prêtre sale et mal habillé qui viendrait gronder ses enfants !

– Ainsi, a-t-elle enfin dit, vous savez le latin ?

– Oui madame, a répondu Julien.

– Vous ne vous fâcherez pas avec mes enfants ?

– Moi ?, a dit Julien étonné, me fâcher et pourquoi ?

– Vous serez bon avec eux, monsieur, vous me le promettez ?

S'entendre appeler *monsieur* par une dame si élégante était au-dessus de toutes les prévisions de Julien. Il avait imaginé qu'une dame comme il faut n'accepterait de lui parler que s'il portait un bel uniforme.

– Entrons, monsieur, a-t-elle dit.

À peine entrée dans le vestibule, Mme de Rênal s'est retournée vers Julien qui la suivait timidement. C'est alors qu'elle a été frappée par l'extrême beauté du jeune homme.

– Quel âge avez-vous, monsieur ? a-t-elle demandé.

– Bientôt dix-neuf ans.

– Mon fils aîné a onze ans, ce sera presque un camarade pour vous. Une fois, son père a voulu le battre. Le pauvre petit a été malade pendant toute une semaine et, cependant, c'était un tout petit coup.

« Quelle différence avec moi, a pensé Julien. Hier encore, mon père m'a battu. Que ces gens riches sont heureux ! »

– Quel est votre nom, monsieur ?

– Julien Sorel, madame.

M. de Rênal, qui avait entendu parler, est alors sorti de son bureau. D'un air majestueux, il a dit à Julien :

– Il est essentiel que je vous parle avant que les enfants vous voient.

Puis il a fait entrer Julien dans une pièce.

– M. le curé m'a dit que vous êtes quelqu'un de bien. Ici, tout le monde vous traitera comme il faut. Voici déjà trente-six francs, mais je vous demande de ne pas donner un sou à votre père. C'est entendu ?

M. de Rênal ne pouvait pas supporter le vieil homme qui, en plus, dans cette affaire, avait été plus malin que lui.

– D'autre part, a-t-il continué, vous ne pouvez pas vous présenter ainsi devant les enfants. Mettez cette redingote[6]. Nous allons immédiatement chez M. Durand pour acheter des vêtements adéquats.

Une heure plus tard, quand M. de Rênal est rentré avec le nouveau précepteur tout habillé de noir, il a trouvé sa femme très tranquille. Elle avait l'air heureuse et soulagée[7].

– De la gravité, monsieur, a-t-il dit à Julien, si vous voulez être respecté de mes enfants et de mes domestiques*.

Puis il a présenté Julien à ses enfants.

– Je suis ici, messieurs, leur a dit Julien, pour vous apprendre le latin. Vous aurez du travail à faire mais tout ira bien si vous apprenez convenablement vos leçons.

* * *

---

6. Redingote : veste très longue que portaient les hommes autrefois.
7. Soulagée : calmée.

Julien s'y est si bien pris qu'un mois après son arrivée dans la maison, tout le monde l'appréciait. Les enfants l'adoraient ; il était patient, juste, impassible mais un peu froid avec eux. M. de Rênal lui-même le respectait. Lui, par contre, n'aimait guère la haute société où il était admis et avait même tendance à la mépriser.

Il avait également de bonnes relations avec les domestiques. Élisa, la femme de chambre* de Mme de Rênal, était même tombée amoureuse de lui. Mme de Rênal, quant à elle, éprouvait une réelle sympathie pour lui et lui parlait de temps en temps du travail réalisé par les enfants et des progrès qu'ils faisaient.

Comme elle avait pris l'habitude d'observer discrètement le jeune homme, elle avait remarqué qu'il parlait plus souvent qu'avant à Élisa. Sans savoir pourquoi, cela lui a déplu mais elle a fini par apprendre que ces conversations concernaient en réalité le linge[8] de Julien. En effet, comme le jeune homme avait peu de vêtements, il était souvent obligé de les laver hors de la maison et c'est pour cela qu'Élisa lui était utile.

Fort triste d'apprendre que Julien était pauvre, Mme de Rênal a d'abord eu l'idée de lui faire des cadeaux mais elle n'a pas osé. Elle ne cessait de penser à la situation du précepteur. Un jour, Julien est entré dans le salon et a trouvé la jeune femme pensive et triste.

– Madame, que se passe-t-il ? Un malheur est-il arrivé ?

– Non, mon ami, a répondu Mme de Rênal ; appelez les enfants, je vous prie, nous allons nous promener.

Elle a pris son bras et s'est appuyée d'une façon que Julien a trouvée étrange. De plus, c'était la première fois qu'elle l'appelait *mon ami*.

---

8. Linge : ensemble des vêtements.

Vers la fin de la promenade, Julien a remarqué qu'elle rougissait beaucoup. Elle a alors ralenti le pas.

– Vous savez sans doute, a-t-elle dit sans le regarder, que je suis l'unique héritière d'une tante très riche qui habite Besançon… Elle me fait souvent des cadeaux… mes enfants progressent énormément avec vous et j'aimerais… vous faire un petit cadeau comme marque de ma reconnaissance. Il ne s'agit que d'un peu d'argent pour vous acheter des vêtements mais… Et elle a arrêté de parler.

– Quoi, madame ? a dit Julien, contrarié.

– Il est inutile, a-t-elle ajouté, de parler de cela à mon mari.

– Je suis petit, madame, mais je ne suis pas bas, a dit Julien, les yeux brillants de colère. M. le maire me donne ce qu'il faut… je n'ai besoin de rien d'autre.

Mme de Rênal est devenue toute pâle. La promenade s'est terminée dans un grand silence.

À partir de cet incident, l'affection pour Mme de Rênal est devenue impossible dans le cœur orgueilleux de Julien. Quant à elle, elle s'est mise à le respecter et à l'admirer et a commencé à ressentir pour le jeune homme un sentiment qu'elle ne connaissait pas et qui la rendait heureuse.

* * *

Un jour, Élisa a fait un héritage. Elle est aussitôt allée se confesser* au curé Chélan à qui elle a avoué son projet d'épouser Julien. Le curé a éprouvé une véritable joie en pensant au bonheur de son ami. Mais sa surprise a été grande quand Julien, d'un air décidé, lui a dit que l'offre ne l'intéressait pas.

– Prenez garde, mon enfant, à ce qui se passe dans votre cœur, a dit le curé en fronçant les sourcils ; je vous félicite de votre vocation* si c'est à cause de cela que vous refusez une fortune plus que suffisante mais j'ai le sentiment qu'il y a une autre raison, plus sombre, qui vous motive. N'oubliez pas d'où vous venez. Réfléchissez et revenez me donner votre réponse définitive dans trois jours.

Julien est revenu chez le bon curé et lui a dit qu'en réalité il ne pouvait accepter la proposition d'Élisa car il n'était pas tout à fait sûr des sentiments de cette dernière envers lui, ce qui était une façon peu honnête d'accuser la conduite de la femme de chambre.

– Mon ami, lui a dit le curé, tel est votre choix. Je vais cependant vous donner un conseil : si vous ne comptez pas devenir prêtre, soyez un bon bourgeois de campagne, estimable et instruit et vous serez heureux.

Mme de Rênal, qui avait appris les intentions d'Élisa et en avait été un peu affectée, a été étonnée de voir que sa femme de chambre, malgré sa fortune et ses projets, ne semblait pas heureuse.

Un jour, elle lui a demandé ce qui se passait et Élisa s'est confiée à elle.

– Eh bien, madame, il me refuse ; des méchants ont sûrement dit du mal de moi et il les croit.

– Qui vous refuse ? a demandé Mme de Rênal.

– Mais, M. Julien ! a répondu Élisa en pleurant. M. le curé a essayé de le convaincre mais sans succès. Pourquoi refuse-t-il une honnête fille sous prétexte qu'elle est femme de chambre ? Après tout, le père de M. Julien est charpentier. De quoi vivait-il avant de travailler chez madame ?

Mme de Rênal n'écoutait plus. Cette nouvelle la comblait de joie. « Mon Dieu, a-t-elle pensé, est-ce que j'éprouverais de l'amour pour Julien ? »

***

M. de Rênal possédait un vieux château à Vergy avec un grand jardin et un verger[9] planté de pommiers. Quand l'été est arrivé, il a décidé d'aller s'y installer avec sa famille. La vie à la campagne a tout de suite enchanté Mme de Rênal.

Comme son mari était retourné à la ville pour les affaires de la mairie, elle a pris la décision de faire faire elle-même des travaux d'aménagement dans le jardin. Elle passait ses journées avec Julien à diriger les ouvriers*, à courir avec ses enfants dans le verger et à faire la chasse aux papillons. Julien et elle se parlaient sans cesse mais toujours de choses innocentes. Cette vie active, occupée et gaie était du goût de tout le monde, excepté de Mlle Élisa, qui se plaignait d'avoir trop de travail.

Un jour, Mme de Rênal a proposé à une de ses amies, Mme Derville, de venir passer l'été à Vergy. Cette dernière, ravie, a tout de suite accepté.

Quand les grandes chaleurs sont arrivées, on a décidé de passer les soirées sous un immense tilleul[10] qui se trouvait à quelques pas de la maison. L'obscurité y était profonde.

Un soir où Julien parlait avec animation, content de bavarder avec des femmes jeunes, il a touché, sans le vouloir, la main de Mme de Rênal qui l'a très vite retirée, ce qui a fort déplu à Julien qui s'est senti méprisé. Il a alors pensé qu'il ferait tout pour que Mme de Rênal ne retire plus jamais sa main.

Le lendemain, après une journée bien remplie, ils se sont de nouveau installés sous le tilleul, Mme de Rênal à côté de Julien et Mme Derville près de son amie. Ce soir-là, Julien, préoccupé par la tâche qu'il s'était imposé, était moins bavard. La conversation manquait donc d'animation.

---

9. Verger : terrain planté d'arbres fruitiers.
10. Tilleul : grand arbre dont les fleurs jaune clair sentent très fort.

Enfin, vers dix heures, Julien a étendu la main et a pris celle de Mme de Rênal qui l'a aussitôt retirée. Julien, contrarié, l'a reprise fermement. Mme de Rênal a fait un effort pour retirer sa main mais Julien la serrait si fort qu'elle a fini par cesser de résister.

Quand minuit a sonné, on s'est séparé. Mme de Rênal, fort troublée, n'a pas pu dormir de la nuit. Elle se sentait heureuse, heureuse d'aimer et d'être aimée... Quant à Julien, satisfait de sa victoire et plein d'orgueil, il s'est tout de suite endormi d'un sommeil de plomb.

Le lendemain, toujours fier de son exploit de la veille, il a décidé de ne pas faire de cours aux enfants et de rester tranquillement à lire dans sa chambre.

Quand la cloche du déjeuner s'est fait entendre, Julien s'est dit en descendant dans la salle à manger : « Il faut maintenant que je dise à cette femme que je l'aime ! »

En entrant dans la pièce, au lieu de regards chargés de volupté[11] que Julien s'attendait à rencontrer, il a été très surpris de se trouver face à la figure sévère de M. de Rênal qui, arrivé depuis deux heures de Verrières, venait d'apprendre que le jeune homme ne s'était pas occupé des enfants et il était fort contrarié.

Chaque mot dur que son mari adressait à Julien faisait du mal à Mme de Rênal.

Julien, agacé par tout cela, a fini par dire :
– J'étais malade.

Cette réponse n'a pas plu à M. de Rênal mais il a préféré ne rien ajouter sur le moment. Le repas s'est passé dans un silence pesant puis Julien est allé retrouver les enfants et a passé l'après-midi avec eux.

---

11. Volupté : vif plaisir.

Ce soir-là, au jardin, Julien avait décidé d'être agréable avec les dames. Mme de Rênal était assise à ses côtés. Il a rapidement pris sa main que la jeune femme a vite retirée. Son mari est alors apparu. Il s'est mis à parler politique avec passion. Mme Derville buvait ses paroles. Julien, irrité par les discours du notable dont il ne partageait pas les idées, a approché sa chaise de celle de Mme de Rênal. L'obscurité cachant tous les mouvements, il en a ensuite profité pour placer sa main très près du joli bras nu de Mme de Rênal. Ce contact l'a troublé. Alors, sans réfléchir, il a posé sa joue sur le bras de la jeune femme puis il a osé y déposer un baiser.

Mme de Rênal a aussitôt frémi[12]. Son mari était à quatre pas d'eux. Elle a vite donné sa main à Julien… Comme M. de Rênal continuait à s'enflammer sur son sujet, Julien s'est mis à couvrir de baisers passionnés la main qu'on lui avait laissée. Mme de Rênal, qui n'avait jamais reçu une telle démonstration de tendresse, s'est alors dit que Julien l'aimait.

* * *

Le lendemain, Julien, contrarié par les reproches de M. de Rênal de la veille et désireux d'y voir plus clair dans son âme, a demandé un congé de trois jours à ce dernier pour aller rendre visite à Fouqué, son ami d'enfance. M. de Rênal, qui était de meilleure humeur, a acepté sans difficulté.

Pendant l'absence de Julien, Mme de Rênal s'est sentie triste et malheureuse. Elle avait même un air maladif que son amie a remarqué tout de suite.

Le soir du retour de Julien, Mme Derville, inquiète pour son amie, lui a dit :

– Indisposée comme tu l'es, tu n'iras pas ce soir au jardin ; l'air humide te ferait du mal.

---

12. Frémir : avoir un léger tremblement à cause d'une émotion.

Mais, au dîner, quand elle a vu son amie arriver vêtue d'une belle robe, elle a commencé à comprendre de quelle maladie souffrait Mme de Rênal : « Est-ce qu'elle aimerait Julien ? » s'est-elle dit.

À partir de ce jour, elle s'est mise à les observer.

* * *

Trois jours après son retour, Julien a décidé d'aller plus loin pour séduire Mme de Rênal. Dès qu'ils se sont installés dans le jardin, il a approché sa bouche de l'oreille de Mme de Rênal et lui a dit :

– Madame, cette nuit, à deux heures, j'irai dans votre chambre... je dois vous dire quelque chose.

Mme de Rênal a eu l'air choquée mais elle a préféré ne rien répondre. Elle s'est juste levée pour se placer à côté de son mari.

Après une veillée maussade[13], tout le monde est allé se coucher. Julien était de mauvaise humeur. La réaction de Mme de Rênal ne lui avait pas plu. Il s'est couché mais il ne pouvait pas dormir. Alors, il s'est dit : « Je lui ai dit que j'irais chez elle à deux heures, donc je vais y aller. »

Il a écouté à la porte de M. de Rênal : il ronflait. Il n'y avait plus de prétexte pour ne pas aller chez elle. Un peu mal à l'aise, il est entré dans le couloir qui menait à la chambre de Mme de Rênal. Il a ouvert la porte d'une main tremblante en faisant du bruit.

En le voyant entrer, Mme de Rênal s'est levée précipitamment et s'est écriée : « Malheureux ! ». Mais Julien, oubliant sa conscience, a joué son rôle : comment ne pas plaire à une femme si charmante ? Il s'est jeté à ses pieds et lui a embrassé les genoux... Mme de Rênal a fini par céder... et s'est jetée dans ses bras.

---

13. Maussade : qui n'est pas très gai.

Quand Julien a quitté la chambre, il se sentait fort et satisfait de lui. Mme de Rênal, elle, ne savait plus où elle en était ; elle était à la fois troublée, heureuse et dévorée de remords[14].

Le lendemain, quand elle est apparue au déjeuner, Julien a adopté une attitude de prudence. Mme de Rênal, quant à elle, ne cessait de le regarder et rougissait jusqu'aux yeux. Julien, lui, n'a posé qu'une seule fois les yeux sur elle.

En passant de la salle à manger au jardin, Mme de Rênal a serré sa main. Surpris par cette marque d'amour, Julien l'a regardée avec passion et… l'a trouvée belle. Ce regard a fait fuir les remords que Mme de Rênal avait envers son mari.

Pendant le déjeuner, son mari n'avait rien remarqué. Ce n'était pas le cas de Mme Derville. À un moment où elle s'est retrouvée seule avec son amie, elle lui a dit avec des mots durs qu'elle était imprudente et inconsciente du danger qu'elle courait. Mais Mme de Rênal n'avait qu'une pensée : se retrouver seule avec Julien pour lui demander s'il l'aimait encore.

Le soir, au jardin, Mme Derville s'est délibérément placée entre Julien et Mme de Rênal. Cette dernière, qui ne désirait qu'une chose, serrer la main de Julien, n'a même pas pu lui adresser la parole. Cela a augmenté son agitation. Elle était à nouveau dévorée de remords. Prétendant être fatiguée, elle a quitté de bonne heure le jardin et est allée directement dans sa chambre. Deux heures d'attente lui ont paru un siècle.

À une heure du matin, Julien est silencieusement sorti de sa chambre, s'est assuré que le maître de maison dormait profondément et est apparu chez Mme de Rênal. Cette nuit-là, il a trouvé plus de bonheur auprès de son amie car il a commencé à être sincère. En peu de jours, il est tombé

---

14. Remords : sentiment de tristesse causé par le fait qu'on sait qu'on a mal agi.

éperdument amoureux. Quant à Mme Derville, voyant clairement ce qui se passait et constatant que son amie avait perdu la tête, elle a décidé de quitter Vergy sans donner d'explication. Mme de Rênal n'a pas essayé de comprendre les raisons de ce départ tant elle était heureuse de se trouver presque toute la journée aux côtés de son amant.

* * *

Avec le temps, Julien s'est mis à adorer Mme de Rênal. Il se disait souvent : « Elle a beau être noble et moi, le fils d'un charpentier, elle m'aime... c'est merveilleux ! »

Entre-temps, Élisa, fatiguée de sa vie à Vergy, avait quitté les de Rênal et trouvé une place chez M. Valenod. Fort en colère contre Julien, elle avait vite compris ce qui se passait entre sa maîtresse et le jeune homme. Elle pensait même que leur histoire avait commencé dès le début de leur rencontre. « C'est sans doute pour cela, se disait-elle, qu'il a refusé de m'épouser et moi, imbécile, qui allait consulter Mme de Rênal, qui la priais de parler au précepteur. »

Une fois installée chez M. Valenod, Élisa a commencé à avoir confiance en lui et a fini par lui parler du précepteur ; un jour, elle lui a même raconté ce qui se passait à Vergy.

Quelques jours plus tard, un soir, au dîner, M. de Rênal a reçu de la ville, avec son journal, une longue lettre anonyme qui lui apprenait en détail ce qui se passait chez lui. Julien l'a vu pâlir en lisant la lettre et s'est aperçu qu'il jetait sur lui des regards méchants.

À minuit, au moment de quitter le salon, Julien a eu le temps de dire à son amie :

— Ne nous voyons pas ce soir, votre mari a des soupçons[15] ;

---

15. Soupçon : fait d'attribuer à quelqu'un des actes mauvais mais sans preuve.

j'ai le sentiment que cette grande lettre qu'il lisait en soupirant est une lettre anonyme.

Le lendemain, tôt le matin, la cuisinière*, qui appréciait Julien, lui a apporté un livre sur la couverture duquel on pouvait lire : « Allez page 130 ! ».

Julien a cherché la page et y a trouvé la lettre suivante :

Tu n'as pas voulu venir me voir cette nuit. Grand Dieu ! Est-ce que tu ne m'aimes plus ? En fait, tu as bien fait. C'est de la lettre anonyme que je voulais discuter avec toi. Existe-t-elle ? Peu importe. Demain, je dirai à mon mari que j'ai reçu une lettre anonyme et qu'il faut absolument te renvoyer chez ton père. Si tu quittes la maison, va à Verrières. Je dirai à mon mari que j'ai envie de passer quelques jours avec lui là-bas. Ainsi, je prouverai qu'il n'y a pas de froid entre lui et moi.

C'est toi qui vas me faire la lettre avec des mots d'un livre, une paire de ciseaux et de la colle. Voilà le texte :

« Madame,

Tous vos secrets sont connus... Je vous conseille d'arrêter de fréquenter le petit paysan. Si vous le faites, votre mari croira que ce qu'il a reçu est faux et nous le laisserons tranquille. »

Quand tu auras fini cette lettre, viens me retrouver dans le jardin pour me la donner.

Je te pardonne si tu ne m'aimes plus... Je n'ai pas le temps de relire ma lettre... ce n'est pas grave... je ne regrette rien de ce qui s'est passé entre nous.

* * *

Dès l'instant où M. de Rênal a lu la lettre anonyme, son existence est devenue épouvantable. Après l'avoir examinée dans tous les sens, il s'est dit : « Qui l'a écrite ?

Mon Dieu, ma femme est maintenant mon ennemi… » Il était fou de rage ! Mais il se disait aussi que sa femme ne pouvait pas être coupable… Il n'a pas dormi de la nuit.

Le lendemain, il est allé faire un tour dans le jardin pour se calmer. Bientôt, sa femme est apparue. Elle revenait du village. En voyant son mari avec les habits et les cheveux en désordre, preuve qu'il n'avait pas dormi de la nuit, elle a respiré profondément et est allée vers lui. Elle lui a donné une lettre pliée en quatre. Lui, sans l'ouvrir, regardait sa femme avec des yeux de fou.

– Voici une abomination, a dit Mme de Rênal, qu'un homme a l'aspect déplorable et qui prétend vous connaître m'a remise quand je passais derrière le jardin du notaire*. J'exige une chose de vous : de renvoyer M. Julien chez lui ou là où vous voudrez.

Mme de Rênal a dit ces derniers mots très vite, de peur, sans doute, de ne pas pouvoir les dire.

Sans prononcer un mot, M. de Rênal s'est mis à lire la seconde lettre anonyme. « Encore des calomnies et toujours à cause de ma femme ! ». Puis il a déchiré la lettre et s'est mis à se promener à grands pas. Il avait besoin de s'éloigner de sa femme. Quelques minutes plus tard, un peu calmé, il est revenu auprès d'elle.

– Je me sens humiliée…, a dit Mme de Rênal. Mon honneur est en jeu et le vôtre ! Il faut prendre une décision et renvoyer Julien… Vous lui donnerez un peu d'argent et, comme il est intelligent, il trouvera facilement une autre place. S'il ne part pas, c'est moi qui partirai…

– Calmez-vous, il n'est pas question que vous partiez… Mais qui me veut du mal ? Des gens jaloux de ma réussite, sans nul doute… Puis après un silence, il a ajouté : la première chose que vous devez faire, c'est de cesser de parler à ce petit monsieur. Pourquoi n'a-t-il pas voulu épouser Élisa, c'était une fortune assurée !

– Il m'a toujours dit qu'il avait la vocation et qu'il voulait devenir prêtre…

– Bon, bon… cessons cette discussion. Voilà ce que nous allons faire.

Ce soir-là, pendant le dîner, au dessert, Mme de Rênal a dit à Julien d'un ton très sec :

– Un jour, vous avez parlé à M. de Rênal de votre désir de passer quelques jours à Verrières. M. de Rênal veut bien vous accorder cette faveur. Vous pouvez partir quand vous voudrez. Mais pour que les enfants ne perdent pas leur temps, chaque jour nous vous enverrons leur travail que vous corrigerez.

– Je vous accorde deux semaines, a ajouté M. de Rênal d'un ton désagréable. Vous logerez chez moi.

* * *

Le lendemain, Julien est donc parti à Verrières. Tous les jours, il corrigeait les travaux des enfants, se promenait et allait aussi rendre visite à l'abbé* Chélan qu'il appréciait beaucoup. Ce dernier, qui était un grand lecteur, avait beaucoup de livres et Julien lui a proposé de lui faire une bibliothèque pour ordonner tout cela. Il est allé chercher des planches chez son père et a vite bâti une belle étagère. Le vieux curé était ravi.

Un jour, Mme de Rênal a décidé d'aller à Verrières avec les enfants. En arrivant chez elle, elle a laissé les enfants jouer dans le jardin et a monté les escaliers quatre à quatre pour se rendre dans la chambre de Julien. Ce moment a été délicieux mais bien court : les enfants sont bientôt arrivés pour saluer Julien qu'ils aimaient beaucoup.

Le déjeuner a été merveilleux. La présence des enfants

qui, en apparence était gênante, augmentait en réalité le bonheur commun.

Tout à coup, la porte s'est ouverte et M. de Rênal est apparu. Son visage sévère et mécontent a fait un étrange contraste avec la douce ambiance qui jusque-là régnait dans la salle à manger. Mais Julien a continué à bavarder et à rire avec les enfants, ce qui a contrarié M. de Rênal.

L'après-midi, Mme de Rênal est partie en ville et Julien a travaillé avec les enfants. Puis la jeune femme est retournée à Vergy après le dîner. Mme de Rênal a fait ainsi plusieurs visites avec les enfants.

Un soir où ils étaient là, M. de Rênal, fort sombre, a déclaré à Julien qu'il devait retourner à Vergy pour reprendre plus sérieusement les cours avec ses enfants.

Pendant le voyage de retour, Julien s'est soudain senti triste. Il s'est demandé pourquoi et a vite trouvé la raison de son état : les jours solitaires passés à Verrières, dans la maison de M. de Rênal, avaient été pour lui une époque de bonheur. Il avait pu lire, écrire et réfléchir sans être dérangé. Il s'était senti libre… Il pouvait faire ce que bon lui semblait. Il n'avait été mal à l'aise qu'au moment des dîners qu'il devait partager avec M. de Rênal.

* * *

Au début de l'hiver, M. de Rênal a décidé qu'il était temps de se réinstaller à Verrières.

Quelques jours avant le retour de la famille de Rênal à Verrières, Élisa, qui n'avait toujours pas pardonné à Julien l'affront qu'il lui avait fait, est allée voir l'abbé Chélan pour se confesser. Elle lui a tout raconté, les amours de Julien et la lettre anonyme qu'elle a écrite à M. de Rênal, par dépit, avec l'aide de M. Valenod.

Le lendemain de l'arrivée de Julien à Verrières, dès six heures du matin, l'abbé Chélan a fait appeler le jeune homme.

– Je sais tout, a dit le curé à Julien. Je ne vous demande rien et même, je vous ordonne de ne rien me dire mais j'exige que, dans trois jours, vous partiez pour le séminaire* de Besançon. J'ai tout arrangé ; il faut partir et ne revenez pas ici avant un an.

Julien n'a rien dit. Il est rentré chez M. de Rênal et a couru prévenir sa maîtresse qui a éclaté en sanglots. Puis elle s'est reprise et a dit :

– Je dois être forte. Je ne sais pas ce que je vais faire mais, si je meurs, promets-moi de ne jamais oublier mes enfants. Donne-moi ta main… Adieu, mon ami ! Ce sont ici nos derniers moments ensemble…

Julien a été très touché par la simplicité de ces adieux. Il a donc quitté Verrières très ému. Mais, à deux kilomètres de Verrières, où il laissait tant d'amour, il a tout oublié et n'a plus pensé qu'au bonheur de voir enfin une grande ville : Besançon.

* * *

Une fois arrivé au séminaire, Julien, intimidé, est resté un moment devant la porte. « Voici donc cet enfer sur la terre dont je ne pourrai pas sortir ! » Puis il a décidé de sonner. Au bout de dix minutes, un homme pâle, vêtu de noir, est venu lui ouvrir. Julien l'a regardé et a aussitôt baissé les yeux. Puis il a relevé la tête avec effort et, d'une voix tremblante, il a expliqué qu'il désirait parler au directeur du séminaire. L'homme lui a fait signe de le suivre. Ils ont monté deux étages puis l'homme lui a dit de l'attendre, qu'il allait prévenir M. Pirard.

Julien est resté planté là, seul et inquiet. Un silence de mort régnait dans toute la maison. Au bout d'un quart d'heure, qui lui a semblé une journée, le portier* à la figure sinistre est apparu sur le pas de la porte et a fait signe à Julien d'avancer.

Julien est entré dans une grande pièce mal éclairée. Près d'une fenêtre, un homme, assis à une table et vêtu d'une vieille soutane*, écrivait. Il semblait ne pas avoir remarqué la présence de Julien. Celui-ci était immobile, debout au milieu de la pièce, là où le portier l'avait laissé.

Dix minutes sont ainsi passées.

– Voulez-vous approcher, oui ou non ? a enfin dit l'homme avec impatience.

Julien s'est avancé. Il était très pâle. L'homme l'a regardé et a demandé :

– Votre nom ?

– Julien Sorel.

– Vous êtes recommandé par M. Chélan : c'est le meilleur curé du diocèse* et mon ami depuis trente ans. Il me dit que vous êtes le fils d'un charpentier assez riche qui ne vous donne rien, que vous avez été précepteur et que vous êtes intelligent. Il se demande juste si votre vocation est durable et sincère. J'ai ici trois cent vingt et un séminaristes* parmi lesquels seuls sept ou huit me sont recommandés par des hommes tels que l'abbé Chélan. Mais ma protection n'est ni faveur ni faiblesse, tout au contraire ; je vais être dur et sévère avec vous pour que vous sortiez le meilleur de vous-même.

L'entretien a duré trois heures. Ensuite, l'abbé a ordonné au portier de conduire Julien jusqu'à la cellule numéro 103. Le jeune homme avait la chance d'avoir un logement individuel.

C'était une petite chambre au dernier étage de la maison. De la fenêtre, on avait une très belle vue sur la ville. Julien s'est assis sur une chaise près de la fenêtre et s'est aussitôt endormi. Il n'a même pas entendu la cloche du dîner et quand les premiers rayons du soleil l'ont réveillé, le lendemain matin, il s'est retrouvé couché à même le sol.

Il s'est vite préparé et est descendu dans la salle de cours. L'abbé qui donnait le cours l'a sévèrement réprimandé pour son retard devant les autres séminaristes. Julien a préféré ne rien dire.

Le lecteur voudra bien nous permettre de donner peu de détails sur cette époque de la vie de Julien. La raison en est simple : ce que Julien a vécu au séminiaire était trop noir. Il s'est en effet très vite senti rejeté par ses compagnons qui le trouvaient arrogant et qui étaient jaloux de ses bons résultats. Lui, trouvait qu'ils étaient grossiers, incultes et sales. Il ne parvenait pas à se faire des amis. Il était trop différent des autres. Pendant son séjour, il est souvent tombé dans des moments de découragement[16]. Seul ce qu'il étudiait et ses entretiens avec l'abbé Pirard lui donnaient un peu de satisfaction.

Un soir, ce dernier l'a fait appeler.

– Demain, c'est la fête du *Corpus Domini**, lui a dit M. Pirard. M. l'abbé Chas-Bernard a besoin de vous pour décorer la cathédrale*. Vous irez donc l'aider tôt le matin.

Le lendemain, Julien s'est rendu à la cathédrale. En le voyant, l'abbé Chas-Bernard s'est écrié, heureux de le voir :

– Je vous attendais, mon cher enfant, soyez le bienvenu ! La journée sera dure car nous avons beaucoup de choses à préparer.

L'abbé avait raison de dire que la tâche serait rude. Comme l'évêque* venait dire la messe*, le soir, il fallait recouvrir tous les piliers de tissu rouge, orner la cathédrale de fleurs et faire bien d'autres choses encore.

---

16. Découragement : sentiment de tristesse qu'on éprouve quand on a perdu l'énergie pour faire quelque chose.

Les deux hommes se sont mis au travail avec entrain puis ils ont fait une pause vers midi pour déjeuner. Ensuite, chacun s'est occupé d'une partie différente de la cathédrale.

De temps en temps, des femmes entraient pour prier et repartaient. Julien les voyait sans vraiment les regarder. Cependant, son attention a soudain été attirée par l'aspect de deux femmes très bien vêtues. Elles étaient à genoux sur des petites chaises. Julien s'est approché pour mieux les voir. En entendant ses pas, la dame qui était la plus élégante a légèrement tourné la tête, a poussé un petit cri et, défaillante[17], est tombée la tête en arrière. Son amie a essayé de la relever et de l'appuyer contre une chaise mais comme elle n'y arrivait pas, Julien a couru la secourir et là, stupéfait, il a découvert que la femme qui était évanouie était Mme de Rênal et que son amie était Mme Derville.

Il a aidé Mme Derville à placer la tête de Mme de Rênal contre le dossier d'une chaise. Mme Derville, qui l'avait reconnu, lui a alors dit avec colère :

– Partez, monsieur, partez ! Il faut surtout qu'elle ne vous voie pas. Votre vue doit lui faire horreur. Elle était si heureuse avant de vous connaître.

Ces paroles étaient dites avec tant d'autorité et Julien était si faible à ce moment-là qu'il s'est éloigné. « Elle m'a toujours haï. », s'est-il dit en pensant à Mme Derville.

À cet instant, l'abbé l'a appelé. Le travail était terminé, Julien devait retourner au séminaire. Il s'est mis en route, totalement bouleversé d'avoir revu Mme de Rênal.

* * *

Quelques jours plus tard, l'abbé Pirard l'a fait à nouveau appeler.

---

17. Défaillante : qui se sent très mal, très faible.

– M. l'abbé Chas-Bernard m'a écrit pour me parler en bien de vous. Je suis assez content de votre travail. Je vois que votre cœur est bon et votre esprit, supérieur. Vous devez faire carrière, vous irez loin. Un de mes amis, le marquis de La Mole, qui vit à Paris, a besoin d'un secrétaire*. Je lui ai parlé de vous car je vous aime bien, mon enfant. Il veut que vous partiez sur le champ pour travailler chez lui. Je vais vous accompagner pour vous présenter.

Julien a longuement remercié l'abbé Pirard. Il était fou de joie, il allait enfin paraître sur le théâtre des grandes choses. Julien, qui admirait en secret Bonaparte, s'est pris à rêver à une ascension semblable à celle de l'empereur.

❷ DEUXIÈME PARTIE

PENDANT LE TRAJET qui les conduisait à Paris, l'abbé Pirard a expliqué au jeune homme le genre de vie qui l'attendait chez M. de La Mole.

– Vous serez quelques mois à l'essai. Si M. de La Mole n'est pas satisfait de vous, vous retournerez au séminaire. Vous habiterez chez le marquis, l'un des plus grands seigneurs de France. Vous porterez un habit noir. Chaque jour, à midi, vous vous installerez dans la bibliothèque du marquis qui va vous employer à faire des lettres pour des procès et d'autres affaires. Le soir, à huit heures, vous mettrez son bureau en ordre et, à dix heures, vous serez libre. Pour commencer, le marquis vous paiera fort honorablement. S'il est content, il vous augmentera mais attention ! il ne vous donne pas cet argent pour vos beaux yeux. Il s'agit d'être efficace ! Je vous conseille de parler peu et de ne jamais parler de ce que vous ignorez. Ah ! j'oubliais. Monsieur de La Mole a deux enfants : une fille et un fils de dix-neuf ans un peu fou. Le marquis espère, je ne sais pas pourquoi, que vous deviendrez l'ami du jeune Norbert. Vous connaîtrez aussi Mme la marquise de La Mole. C'est une grande femme blonde assez insignifiante mais de très bonne famille. Vous verrez dans son salon de grands seigneurs. Sachez donc vous comporter comme il se doit. Nous arrivons enfin ! Voici l'hôtel de La Mole.

Julien s'est alors retrouvé devant un bel édifice bâti dans le faubourg Saint-Germain.

* * *

Après avoir traversé des salons tristes mais magnifiques, Julien et l'abbé Pirard sont entrés dans le bureau du marquis. Là, se trouvait un petit homme maigre mais à l'œil vif. C'était le marquis. L'abbé lui a aussitôt présenté Julien.

Après un échange de politesses, le marquis, montant deux à deux les marches d'un petit escalier, est allé installer lui-même Julien dans une jolie chambre qui donnait sur l'immense jardin de l'hôtel puis il lui a donné de l'argent pour s'acheter de beaux habits. Ils sont ensuite redescendus et le marquis a appelé un homme âgé :

– Arsène, lui a-t-il dit, vous servirez M. Sorel.

Peu après, Julien s'est retrouvé seul dans la bibliothèque. Ce moment a été délicieux. Il contemplait le dos brillant des livres et se disait : « Je pourrais lire tous ces livres ! Mais il faut d'abord que je fasse les copies pour le marquis. »

À six heures, le marquis est entré, a regardé le travail de Julien puis il l'a conduit jusqu'à un salon où plusieurs personnes étaient réunies. Il a présenté Julien à sa femme, qui l'a à peine regardé, puis à son fils à qui il a dit :

– Norbert, je te demande de t'occuper quelquefois de M. Sorel, que je viens de prendre comme secrétaire.

Pendant cette première soirée, Julien a été assez brillant et a commencé à plaire au marquis.

* * *

Le lendemain, Julien faisait des copies de lettres pour le marquis lorsque Mlle Mathilde, la fille du marquis, est entrée dans la bibliothèque. Elle a semblé contrariée d'y trouver Julien.

Julien a pensé qu'elle avait l'air dur et hautain[18]. Sans un mot, la jeune femme a pris un livre et est ressortie.

---

18. Hautain : méprisant, arrogant.

Vers trois heures de l'après-midi, le comte Norbert est à son tour entré dans la bibliothèque et a dit à Julien :

– Mon père nous donne congé[19] jusqu'au dîner. Que diriez-vous de faire une promenade à cheval ?

– Je ne suis monté à cheval que six fois dans ma vie, a dit Julien.

– Eh bien, ce sera la septième, a répondu Norbert.

En fait, Julien pensait qu'il montait très bien à cheval mais, en revenant du bois de Boulogne, il est tombé en voulant éviter une voiture et il s'est couvert de boue[20].

Au dîner, le marquis lui a demandé comment s'était passée sa promenade ; Norbert a répondu à la place de Julien en termes généreux.

– Monsieur le comte est trop bon envers moi, a dit Julien, car il oublie de vous dire que j'ai eu un petit incident et que, malgré la douceur de mon cheval, je suis tombé au beau milieu d'une rue.

En entendant cela, Mlle Mathilde n'a pas pu s'empêcher de rire et elle a insisté pour avoir des détails, ce qui a gêné un peu Julien. Mais il a répondu avec simplicité.

Après le départ de l'abbé Pirard, Julien s'est senti isolé au milieu de la famille de La Mole. Tout lui semblait étrange mais, peu à peu, il s'est habitué à ce nouveau monde.

* * *

Quelques mois plus tard, la vie de Julien avait beaucoup changé.

M. de La Mole a eu rapidement confiance en lui et il l'a chargé de suivre l'administration des terres qu'il possédait en Bretagne et en Normandie. Julien s'y rendait donc assez

---

19. Donner congé : donner la permission de s'absenter.
20. Boue : terre mouillée par la pluie et devenue molle et grasse.

souvent. Toutes ces responsabilités lui avaient donné plus d'assurance et il avait même un peu perdu son air provincial. Il montait maintenant fort bien à cheval, avait de bonnes relations avec Norbert mais il préférait éviter d'adresser la parole à Mlle Mathilde qui avait tendance à se moquer de lui, ce que Julien avait du mal à supporter.

Un jour, le marquis a eu une attaque de goutte[21] qui a duré quatre semaines. Sa femme et sa fille étaient alors en voyage en Provence et le comte Norbert était, à son habitude, fort occupé à se distraire et ne passait guère de temps à l'hôtel. Le marquis a donc demandé à Julien de nombreux services. Entre autres, le jeune homme a dû lui lire les journaux et des livres.

Une fois guéri, comme il était très satisfait de l'attitude de Julien, le marquis a commencé à le traiter sur un pied d'égalité et lui a même offert un bel habit bleu. C'est alors que la vie a vraiment changé pour Julien : il s'est mis à sortir de plus en plus… il allait au bal ou à l'opéra.

Le marquis l'a également chargé d'une importante mission à Londres dont le jeune homme s'est fort bien acquitté si bien que, pour le récompenser, M. de La Mole lui a remis une croix[22]. Julien était comblé ! Il avait le sentiment qu'on l'appréciait enfin à sa juste valeur.

* * *

Un jour que Julien revenait d'une nouvelle mission, il a appris que la marquise et sa fille étaient enfin de retour à l'hôtel de La Mole.

---

21. Goutte (avoir la) : (avoir des) douleurs inflammatoires autour des articulations.
22. Croix : ici, une décoration.

Le jeune homme était maintenant un dandy[23] qui comprenait l'art de vivre à Paris. Il était sûr de lui, arrogant même, et son attitude a alors radicalement changé envers Mlle Mathilde : il s'est mis à la traiter avec une parfaite froideur, lui qui, jusque-là, était discret et humble, ce qui a étonné Mathilde et, dans un sens… lui a plu. Il lui a semblé qu'il avait perdu son côté provincial et elle a commencé à s'intéresser à sa conversation.

— Il manque de légéreté mais il a l'esprit vif, a-t-elle dit un jour à son père en plaisantant avec lui sur la croix qu'il avait offerte au jeune homme. Mon frère vous l'a demandée pendant dix-huit mois et vous ne la lui avez pas donnée et pourtant, c'est un de La Mole !

— Certes, lui a répondu son père, mais Julien a du caractère et est entreprenant, ce qui n'est pas le cas de ce de La Mole dont vous parlez.

Depuis son retour de Provence, Mathilde s'ennuyait. « J'ai dix-neuf ans !, pensait-elle un après-midi où elle lisait dans la bibliothèque. C'est l'âge du bonheur disent tous ces sots parisiens. Que vais-je faire maintenant à Paris ? » Elle avait le malheur d'avoir plus d'esprit que les jeunes nobles qu'elle fréquentait… qu'allait-elle devenir ?

C'est alors que ses beaux yeux, où respiraient l'ennui et surtout le désespoir de trouver le plaisir, se sont posés sur Julien. « Au moins, s'est-elle dit, il n'est pas exactement comme les autres. »

— Monsieur Sorel, a-t-elle dit avec cette voix vive et sèche qu'emploient les jeunes femmes de la haute classe, venez-vous ce soir au bal de M. de Retz ?

---

23. Dandy : homme qui cherche à être très élégant dans sa façon de s'habiller et dans ses manières.

– Mademoiselle, je n'ai pas eu l'honneur d'être présenté à M. le duc.

– Il a chargé mon frère de vous emmener chez lui. Venez ! a-t-elle dit d'un ton tranchant.

Julien a salué sans dire un mot et Mathilde, elle, est sortie de la pièce.

* * *

Le soir, en arrivant au bal, Julien a été frappé par la beauté du lieu. Tout était d'une grande élégance. Dans la salle de bal, les invités parlaient et dansaient.

Mathilde était régulièrement invitée à danser par un grand nombre de jeunes aristocrates. Mais ni la danse ni le désir de plaire à l'un des plus beaux hommes de la cour, rien ne pouvait la distraire. Elle était la reine du bal, elle le voyait… mais avec froideur. Soudain, elle a vu Julien dans un autre salon. Il bavardait avec un jeune comte et se rapprochait de l'endroit où elle se trouvait. Elle s'est mise à l'examiner : « Il a l'air d'un prince déguisé », s'est-elle dit. Son regard a redoublé d'orgueil.

Elle s'est avancée vers Julien et son compagnon et les a rejoints au moment où ils s'approchaient d'une table pour y prendre une boisson. Son regard a alors croisé celui de Julien. Elle y a vu encore plus de mépris que de coutume. Cela l'a choquée mais elle a compris qu'il l'attirait.

Le lendemain, elle est allée à la bibliothèque. Quand elle est entrée, Julien, qui était en train d'écrire des lettres, a levé la tête et ses yeux se sont arrêtés sur Mlle de La Mole mais sans vraiment la voir.

Mathilde lui a demandé un volume de l'*Histoire de France* qui était placé au rayon le plus élevé. Julien a approché l'échelle, a cherché le livre et le lui a remis. La jeune femme l'a longuement regardé puis elle est partie lentement. Julien l'a suivie des yeux et il s'est dit qu'elle avait vraiment une allure de reine.

* * *

Un mois plus tard, Julien, pensif, se promenait dans le jardin de l'hôtel de La Mole. Son visage était moins dur que d'autres fois. Il venait de reconduire jusqu'à la porte du salon Mlle de La Mole qui prétendait s'être fait mal au pied en courant après son frère.

« Elle s'est appuyée sur mon bras d'une façon singulière ! se disait-il. Est-ce que je lui plairais ? Il est vrai que, depuis quelque temps, elle me parle avec une certaine douceur, ce qu'elle ne faisait jamais avec moi et ce qu'elle ne fait d'ailleurs avec personne. Ce serait amusant qu'elle m'aime ! Mais non, ce n'est pas possible... pourtant, je vois ses yeux s'animer quand elle me parle. Et, mon Dieu, qu'elle est belle ! »

Mathilde, de son côté, ne cessait de penser au jeune homme. Elle recevait des lettres de jeunes prétendants[24] mais, selon elle, elles se ressemblaient toutes. « Voilà donc les lettres que je vais recevoir toute ma vie ! Quel ennui ! » pensait-elle.

Puis elle a repensé aux promenades qu'elle faisait maintenant de temps en temps avec Julien et qu'elle appréciait de plus en plus. Une idée l'a alors illuminée : « Je comprends ! J'ai le bonheur d'aimer, s'est-elle dit avec un transport de joie inimaginable. J'aime, j'aime, c'est clair ! À mon âge, où une fille jeune, belle, spirituelle peut-elle trouver des sensations si ce n'est dans l'amour ? »

---

24. Prétendant : homme qui désire épouser une femme, une jeune fille.

À partir du moment où Mathilde a décidé qu'elle aimait Julien, elle ne s'est plus ennuyée. Tous les jours elle se félicitait de la décision qu'elle avait prise de se donner une grande passion.

Julien avait remarqué que Mlle de La Mole le regardait souvent avec insistance : « Mais, se disait-il, même quand ses beaux yeux bleus sont fixés sur moi avec douceur, j'y lis toujours un fond d'examen et un peu de méchanceté. Quelle différence avec les regards de Mme de Rênal ! »

* * *

Un matin, M. de La Mole a décidé de se rendre dans le sud pour ses affaires. Il voulait partir le plus vite possible, accompagné de Julien.

Après le repas, Mathilde, qui savait que Julien devait partir le lendemain et pour un certain temps, a prétendu avoir mal à la tête et a proposé au jeune homme de faire avec elle une promenade dans le jardin.

Ils marchaient tranquillement et parlaient peu. Une demi-heure plus tard, Julien lui a demandé si elle se sentait mieux et a voulu rentrer. C'est alors que Mathilde lui a pris le bras et l'a serré avec force en disant d'une voix altérée :

– Vous recevrez ce soir une lettre de moi.

Ces mots ont frappé Julien.

– Vous ne devez pas partir demain, a-t-elle ajouté. Trouvez un prétexte.

Et elle est partie en courant. Trois heures plus tard, un laquais* a remis une lettre à Julien ; c'était tout simplement une déclaration d'amour.

« Enfin moi, s'est-il écrié tout à coup, moi, pauvre paysan, j'ai une déclaration d'une grande dame ! »

Puis il s'est mis à réfléchir au prétexte qu'il pouvait

trouver pour ne pas aller dans le sud de la France. Comme le marquis avait des affaires urgentes à régler depuis Paris sur ses terres de Normandie, il s'est servi de cela pour convaincre M. de La Mole de rester sur place. Le marquis lui a aussitôt donné raison.

Julien a alors écrit une lettre à Mathilde pour lui faire part de l'annulation de son voyage et les choses en sont restées là jusqu'au lendemain soir où Julien a reçu une nouvelle lettre de Mlle de La Mole.

J'ai besoin de vous parler ce soir. À une heure du matin, allez dans le jardin. Prenez la grande échelle du jardinier* qui est près du puits[25], placez-la contre ma fenêtre et montez chez moi.

* * *

À une heure du matin, Julien a exécuté les ordres de Mlle de La Mole et est arrivé à la fenêtre de la jeune fille qui l'a aussitôt ouverte.

– Vous voilà, monsieur, lui a dit Mathilde avec beaucoup d'émotion.

Julien était un peu gêné. Il ne savait pas comment se conduire… Il ne ressentait pas autant d'amour que Mathilde. Dans son embarras[26], il a pensé qu'il devait oser et il a essayé d'embrasser la jeune femme.

– Mais… enfin ! s'est-elle écriée en le repoussant.

Amusé par son attitude, Julien a reculé et s'est mis à observer la pièce.

– Qu'avez-vous dans votre poche ? a alors demandé Mathilde pour changer de sujet car, en fait, subitement, elle était intimidée.

---

25. Puits : trou circulaire et profond dans le sol et entouré de murs, destiné à atteindre l'eau souterraine.
26. Embarras : malaise qu'on ressent pour agir et parler.

— J'ai des pistolets, a répondu Julien d'un ton ironique.

Mathilde a souri puis elle a ajouté :

— Il faut retirer l'échelle. Tenez, j'ai des cordes.

Julien a attaché une corde au dernier échelon et, en se penchant par la fenêtre, il est parvenu à descendre l'échelle et à la coucher contre le mur, sur les fleurs de la marquise.

— Ma mère ne va pas apprécier, dit Mathilde en riant.

— Et comment je vais m'en aller, maintenant ? a alors demandé Julien.

— Eh bien… par la porte, mon ami, a répondu Mathilde qui maintenant avait repris ses esprits et son ton cassant habituel. Puis elle a ajouté :

— Qu'as-tu fait de mes lettres ?

Julien, surpris par ce tutoiement, a alors osé prendre cette fille si belle dans ses bras et là, Mathilde a accepté ses baisers.

Elle avait décidé que, s'il osait arriver chez elle avec le secours de l'échelle du jardinier, elle serait toute à lui. Et c'est ce qui s'est passé.

Les jours suivants, la jeune fille a été d'une grande froideur avec Julien. Étonné par cette attitude, un jour où ils étaient seuls dans la bibliothèque, Julien lui a demandé avec une certaine tendresse :

— Ainsi, vous ne m'aimez plus ?

— J'ai horreur de m'être donnée au premier venu, a dit Mathilde en pleurant de rage.

— *Au premier venu* ! s'est écrié Julien et il s'est élancé sur une vieille épée de Moyen Âge qui était conservée dans la bibliothèque comme une curiosité. Au moment où il la sortait de son fourreau[27], Mathilde s'est avancée fièrement vers lui.

---

27. Fourreau : étui long dans lequel on met une épée pour la protéger.

Julien s'est aussitôt calmé et a remis l'épée à sa place. Cette scène, d'une grande intensité, n'a duré qu'une minute. Mathilde a alors regardé Julien dans les yeux « J'ai manqué être tuée par mon amant, s'est-elle dit... Qu'il est fier et beau ! » puis elle s'est jetée à ses pieds et elle lui a dit :

— Méprise-moi si tu veux mais aime-moi comme un fou !
Et elle est sortie en courant.

« Mon Dieu, qu'elle est belle ! » a pensé le jeune homme en la regardant partir.

Le soir même, il a couru jusqu'à l'échelle et l'a placée contre la fenêtre de Mathilde. « Elle va se fâcher, qu'importe ! Je lui donne un dernier baiser puis je quitte cette maison pour toujours. » Il volait en montant l'échelle et a enfin frappé à la fenêtre. Mathilde a aussitôt ouvert et Julien s'est précipité dans la chambre.

— C'est donc toi ! a-t-elle dit en se jetant dans ses bras.

Qui pourrait décrire l'excès de bonheur de Julien ? Quant à Mathilde, elle savait maintenant qu'elle aimait vraiment.

* * *

Les jeunes gens se voyaient régulièrement. La vie qui, jusque-là, pour Mathilde, s'était traînée à pas de tortue, volait maintenant.

Julien n'en revenait pas de son bonheur. La dure et indomptable Mathilde était avec lui pleine de douceur.

Un jour, Mathilde lui a annoncé qu'elle était enceinte.

— Maintenant, tu ne peux plus douter de moi. N'est-ce pas une garantie de mon amour ? Je suis ton épouse à jamais.

Cette nouvelle a été un terrible choc pour Julien.

— Je vais écrire à mon père, a ajouté la jeune femme. Il sera heureux pour moi.

– Mon Dieu, s'est écrié Julien effrayé. Que vas-tu faire ?
– Mon devoir, a-t-elle répondu, les yeux brillants de joie.
– Il me chassera immédiatement.
– C'est son droit, il faut le respecter. Je te donnerai le bras et nous sortirons par la grande porte, en plein midi.

Julien, qui avait du mal à assimiler tout cela, lui a demandé d'attendre une semaine.

– Je ne peux pas, lui a-t-elle répondu. Je dois faire mon devoir à l'instant.

– Notre état à tous les deux va changer après cette démarche. Je suis aussi dans mon droit. C'est aujourd'hui mardi. Ton père s'absente demain et reviendra mardi prochain. Quand il arrivera, le portier lui remettra cette terrible lettre.

Mathilde a fini par accepter d'attendre.

* * *

Le mardi fatal est enfin arrivé. À minuit, en rentrant, le marquis a trouvé la lettre suivante :

Mon père,

Tous les liens sociaux sont rompus entre nous, il ne reste plus que ceux de la nature. Après mon mari, vous êtes et serez toujours l'être que j'aimerai le plus. Mes yeux se remplissent de larmes quand je pense à la peine que je vous fais mais je dois vous dire la vérité maintenant. Si votre amitié, que je sais extrême pour moi, veut m'accorder une petite pension, j'irai m'installer où vous voudrez, en Suisse, par exemple, avec mon mari. Son nom est tellement obscur que personne ne reconnaîtra votre fille dans Mme Sorel, belle-fille d'un charpentier de Verrières. Voilà ce nom que j'ai eu du mal à écrire car je crains votre colère contre Julien. Mais sachez que c'est moi qui l'ai aimé la première, que c'est moi qui l'ai séduit. Le pauvre est aussi triste que moi en pensant à la peine que vous fait cette lettre… Je ne peux empêcher que vous soyez irrité mais aimez-moi toujours, je vous en supplie…

Mathilde avait écrit huit pages dans lesquelles elle donnait tous les détails de la situation.

« Que faire ? se demandait Julien pendant que M. de La Mole lisait la lettre ; où est 1° mon devoir, 2° mon intérêt ? Ce que je dois au marquis est immense. Il m'a fait un homme du monde. »

C'est alors que le valet* de M. de La Mole a frappé à la porte de Julien.

– Le marquis veut vous voir à l'instant, vêtu ou non vêtu. Puis il a ajouté à voix basse : Il est hors de lui. Prenez garde à vous.

* * *

Le marquis était furieux et il a accablé Julien de toutes les injures possibles.

– Quoi ! ma fille s'appellera Mme Sorel ! Quoi ! ma fille ne sera pas duchesse ! Il fallait fuir, monsieur… votre devoir était de fuir… Vous êtes le dernier des hommes.

Julien s'est alors approché de la table et a dit :

– Je veux en finir avec la vie… Tuez-moi monsieur le marquis ou faites-moi tuer par votre valet de chambre. Il est une heure du matin, je vais dans le jardin, près du mur du fond, vous pourrez…

– Allez à tous les diables ! lui a crié le marquis et il est sorti.

« Qu'il me tue, s'est dit Julien en allant dans le jardin, qu'il me tue, c'est une satisfaction que je lui offre mais… je ne veux pas mourir, j'aime trop la vie et je vais avoir un fils ! »

Cette idée, qui pour la première fois lui venait aussi nettement à l'esprit, a occupé toute sa pensée pendant qu'il marchait dans le jardin.

« Il faut que je me protège et que je demande conseil à quelqu'un… mais à qui ?… L'abbé Pirard ? Mais il est capable de me battre quand il saura… à moins que… c'est cela, je vais me confesser à lui. »

Le lendemain, dès l'aube, Julien a quitté Paris et s'est présenté chez l'abbé Pirard.

À Paris, Mathilde était au désespoir. Julien était parti et son père lui avait dit que le jeune homme voulait mourir.

– Si j'apprends qu'il est mort, je mourrai, a-t-elle dit à son père. C'est vous qui serez responsable de sa mort… et, je vous le jure, je prendrai le deuil[28] et je serai publiquement Mme veuve Sorel.

Son amour allait jusqu'à la folie.

Le soir, apprenant que Julien était rentrée, Mathilde, qui avait passé la journée enfermée dans sa chambre, l'a fait appeler. En le voyant, elle s'est jetée dans ses bras.

– Mon Dieu, tu es vivant ! Mais où étais-tu ? J'ai eu si peur pour toi.

– Je suis allé voir l'abbé Pirard pour lui demander conseil.

– Alors, retourne chez lui. Mon père va se calmer et il fera ce que je veux. Je te donnerai des nouvelles.

Julien est donc retourné chez l'abbé Pirard qui, malgré la situation, n'avait pas été trop dur avec lui.

* * *

Pendant une semaine, Mathilde a résisté avec fermeté à tous les projets *prudents* de son père : elle refusait

---

28. Prendre le deuil : porter des vêtements noirs pour indiquer qu'on a perdu une personne proche.

catégoriquement la proposition d'un accouchement[29] clandestin qu'il lui faisait ; elle serait Mme Sorel et vivrait pauvrement en Suisse avec son mari et son enfant.

Finalement, un matin, le marquis s'est présenté chez sa fille et il lui a dit :

– Je ne veux pas savoir où est cet homme. Envoyez-lui ce mot.

Mathilde l'a aussitôt lu.

Les terres que je possède dans le sud de la France valent 20 600 francs. Je les offre à ma fille et à M. Julien Sorel. Le notaire va préparer les papiers et me les apporter demain. Ceci fait, nous n'aurons plus de relations.

Le Marquis de La Mole

– Je vous remercie beaucoup, a dit Mathilde gaiement.

Elle avait enfin ce qu'elle voulait.

Cette donation a énormément surpris et même touché Julien. Depuis qu'il savait qu'il allait être père, il était moins orgueilleux et froid qu'avant. L'avenir de son enfant absorbait déjà toutes ses pensées. Cette fortune imprévue était considérable et il était heureux.

Quant à Mathilde, elle ne désirait plus qu'une chose : pouvoir se marier enfin avec Julien. Elle a donc à nouveau écrit à son père pour lui dire de venir à son mariage dans l'église de M. Pirard, le jeudi suivant.

Son père a réagi aussitôt en envoyant à sa fille un acte de lieutenant des Hussards[30] pour M. le chevalier Julien Sorel avec ordre de partir immédiatement à Strasbourg pour Julien, afin de rejoindre son régiment.

En apprenant cette nouvelle, fou de joie, le jeune homme a pensé : « Mon roman est fini et à moi seul tout le mérite.

---

29. Accouchement : fait de faire naître un enfant.
30. Hussard : cavalier qui appartient à la cavalerie légère.

J'ai su me faire aimer de ce monstre d'orgueil ; son père ne peut pas vivre sans elle et elle sans moi. »

* * *

À Strasbourg, dès le premier jour, Julien a été apprécié et respecté. Pendant ce temps, Mathilde insistait auprès de son père pour que son mariage ait lieu le mois suivant. Son père lui a alors déclaré qu'il ne lui donnerait une réponse que lorsqu'il aurait reçu les informations qu'il avait demandées, mais il a refusé de dire à Mathilde de quoi il s'agissait.

Un matin, un valet de l'hôtel de La Mole est arrivé à Strasbourg pour donner une lettre de Mathilde à Julien. Voilà ce qu'elle disait :

Tout est perdu ; viens le plus vite possible ! Dès que tu arriveras, attends-moi dans un fiacre[31] près de la petite porte du jardin. Je viendrai te parler. Tout est perdu et sans solution, je le crains. Compte sur moi, je ferai tout pour t'aider. Je t'aime.

Julien a aussitôt obtenu une permission du colonel et a quitté Strasbourg. À peine arrivé à l'endroit du rendez-vous, la porte s'est ouverte et Mathilde est apparue. Il était cinq heures du matin. Elle a fait entrer Julien dans le jardin et s'est jetée dans ses bras.

– Tout est perdu ; mon père est parti dans la nuit de jeudi, pour où ? Personne ne le sait. Voici sa lettre. Lis.

Je pouvais tout pardonner, sauf le projet de vous séduire parce que vous êtes riche. Voilà, malheureuse fille, l'horrible vérité. Je n'accepterai jamais un mariage avec cet homme. Je lui donnerai de l'argent mais il doit partir loin… hors de France s'il le faut. Lisez la lettre que j'ai reçue en réponse

---

31. Fiacre : voiture à cheval qu'on loue.

aux renseignements que j'avais demandés. C'est lui-même qui m'avait recommandé d'écrire à Mme de Rênal. Je pars. Renoncez à cet homme et vous retrouverez votre père.

– Où est la lettre de Mme de Rênal ? a demandé Julien d'un ton froid.

– La voici.

Dans cette lettre, extrêmement longue, Mme de Rênal décrivait Julien comme un être vil, un intrigant qui séduit les femmes pour disposer de la fortune du maître de maison et qui laisse après lui le malheur…

– Je comprends ton père, a dit Julien après avoir lu la lettre. Quel père voudrait donner sa fille chérie à un tel homme ! Adieu !

Julien est alors monté dans le fiacre et est parti à vive allure.

* * *

Depuis le départ de Julien, Mathilde ne vivait plus. Où était-il allé ? Que se passait-il ?

Julien était parti à Verrières. Pendant le trajet, il n'avait pas pu écrire à Mathilde pour lui expliquer la raison de son départ car la colère faisait trembler sa main.

Il est arrivé à Verrières un dimanche matin. Il est aussitôt allé chez l'armurier* de la ville et a acheté une paire de pistolets. Puis il s'est rendu à l'église. Il y est entré. Toutes les fenêtres hautes de l'édifice étaient couvertes de rideaux rouges. Julien s'est placé derrière le banc de Mme de Rênal. Elle priait avec ferveur. La vue de cette femme qu'il avait tant aimé a fait trembler le bras de Julien qui n'a pas pu exécuter son projet. « Je ne peux pas, se disait-il, physiquement, je ne peux pas. »

Mais Mme de Rênal a alors baissé la tête. Julien ne la reconnaissait plus aussi bien. Il a tiré sur elle un coup de pistolet et l'a manquée ; il a tiré un second coup et elle est tombée.

Julien est resté un moment immobile, il ne voyait plus rien. Quand il est revenu à lui, il s'est aperçu que les gens s'enfuyaient de l'église. Il s'est mis à les suivre à pas lents. Mais une femme qui voulait fuir plus vite que les autres l'a violemment poussé et il est tombé. Quand il s'est relevé, une main ferme l'a attrapé : c'était un gendarme* qui l'arrêtait. Julien a voulu se servir de ses pistolets mais un autre gendarme est arrivé et ils l'ont emmené en prison.

Une fois dans sa cellule, Julien s'est dit :

« Tout est fini... dans quinze jours, la guillotine[32]... il me reste un ennuyeux devoir à remplir, écrire à Mathilde. »

Voici ce qu'il lui a écrit :

Je me suis vengé. Malheureusement mon nom apparaîtra dans les journaux. Je mourrai dans peu de temps. La vengeance a été atroce, comme la douleur d'être séparé de toi. Ne parle jamais de moi, même à mon fils. Si tu as besoin d'un ami, va trouver conseil auprès de l'abbé Pirard. Un an après ma mort, marie-toi, je te l'ordonne. Ne m'écris pas, je ne répondrai pas.

* * *

Vers neuf heures du soir, le geôlier* lui a apporté le dîner.

– Que dit-on dans Verrières ? lui a demandé Julien.

– J'imagine que vous serez content d'apprendre que Mme de Rênal va mieux.

– Quoi ! Elle n'est pas morte ! s'est écrié Julien, hors de lui.

---

32. Guillotine : machine qui sert à couper la tête des condamnés à mort.

Mais l'homme ne lui a pas répondu et il est sorti.

Une fois la porte fermée, Julien répétait « Elle n'est pas morte ! » et il est tombé à genoux et s'est mis à pleurer.

Le lendemain, on l'a conduit à la prison de Besançon et le jour suivant, il a été interrogé. Ensuite, on l'a laissé tranquille pendant plusieurs jours. Il était calme. Son affaire était simple : il avait voulu tuer, il devait être tué.

* * *

Un matin, Julien a entendu un grand bruit dans le couloir. Sa porte s'est ensuite ouverte et le vénérable curé Chélan, tout tremblant et la canne à la main, s'est jeté dans ses bras.

– Ah ! Grand Dieu ! Est-ce possible, mon enfant... monstre, devrai-je dire.

Et le pauvre homme, incapable d'ajouter un mot, s'est tu. Julien l'a fait asseoir sur une chaise. Le bon vieillard pleurait toutes les larmes de son corps. Ils sont restés ainsi un long moment puis un homme est venu chercher le curé.

– Il voulait vous voir, a-t-il dit à Julien, mais il ne faut pas le fatiguer. Il est très faible.

Cette visite a empli Julien de tristesse. Il venait de voir la mort, et dans toute sa laideur. Alors il s'est dit que son exécution lui éviterait une telle décrépitude. Il a eu envie de demander d'interdire les visites mais il ne l'a pas fait.

Le lendemain, sa porte s'est à nouveau ouverte.

« Mon Dieu ! a pensé Julien, c'est sûrement mon père. Ce sera horrible. »

Au même instant, une femme, vêtue en paysanne, s'est précipitée dans ses bras. C'était Mathilde. Julien a eu du mal à la reconnaître.

– Julien… ce que tu appelles ton crime n'est en fait qu'une noble vengeance, lui a-t-elle dit, on comprendra.

– Non, Mathilde, il n'en est rien… Je vais mourir.

– Je vais tout faire pour te sortir d'ici… et si je n'y parviens pas, je mourrai avec toi.

En effet, à partir de ce jour, Mathilde s'est installée à Besançon et a entrepris toutes sortes de démarches pour sauver son amant. Elle venait presque tous les jours voir Julien. Mais l'approche de la mort avait changé le jeune homme. Il ne sentait plus d'attirance pour Mathilde.

« Il est étrange, se disait-il, un jour où Mathilde sortait de sa cellule, qu'une passion si vive et dont je suis l'objet me laisse insensible ! Et je l'adorais il y a deux mois ! J'avais lu que l'approche de la mort désintéresse de tout, mais c'est horrible de se sentir ingrat et de ne pas pouvoir changer. »

L'ambition était morte dans son cœur ; une autre passion était née : il l'appelait le remords d'avoir voulu assassiner Mme de Rênal. En réalité, il était à nouveau amoureux d'elle. Quand il était seul, il ne pensait qu'aux journées merveilleuses qu'il avait passées avec elle à Verrières ou à Vergy.

Mathilde, qui était fort jalouse, avait compris qu'il se passait quelque chose. Quand, parfois, elle prononçait le nom de Mme de Rênal, elle voyait une étrange réaction chez Julien.

– J'ai une faveur à te demander, lui a dit un jour Julien. Fais élever ton enfant à Verrières, Mme de Rênal surveillera la nourrice*.

– Ce que tu dis est horrible, a répondu Mathilde toute pâle.

– Oui… mille pardons, s'est écrié Julien en sortant de sa rêverie et en la serrant dans ses bras.

Julien avait aussi régulièrement la visite de son ami Fouqué. Fouqué, l'ami fidèle, bon et simple que Julien, dans son ascension dans la haute société, avait bien délaissé. Ce dernier était fou de douleur. Son unique idée était de vendre tous ses biens pour séduire le geôlier et faire échapper Julien, un projet fou et irréalisable.

En revanche, son père, qui avait toujours été si dur avec Julien, n'est jamais venu le voir et Julien trouvait que c'était mieux ainsi.

* * *

Le jour du jugement est enfin arrivé. Tout le monde s'était rendu à Besançon pour voir juger cette cause romanesque. Depuis plusieurs jours, il n'y avait plus de place dans les auberges.

Quand Julien est sorti de prison pour aller dans la grande salle du palais de justice, les gendarmes ont eu toutes les peines du monde à écarter la foule qui était réunie dans la cour.

En entrant dans la salle, Julien a été frappé par la beauté de l'endroit. On l'a fait asseoir et il a observé la salle. Elle était pleine. Il a vu Mathilde et bien sûr, Fouqué. Il entendait aussi des femmes dire : « Mon Dieu ! Comme il est jeune !… Mais c'est un enfant… Il est vraiment beau ! » mais tous ces mots laissaient Julien indifférent. Il a aussi aperçu les jurés parmi lesquels se trouvait Mme Derville. Quand il l'a vue, Julien a aussitôt pensé : « Mme Derville ! Quand elle va sortir d'ici, elle va écrire à Mme de Rênal… » Ce que le jeune homme ignorait, c'est que Mme de Rênal était à Besançon.

On a d'abord entendu les témoins puis l'avocat* de Julien a parlé mais Julien n'écoutait pas, il savait qu'il vivait les derniers jours de sa vie.

Ensuite, le président des assises[33] lui a demandé s'il avait quelque chose à ajouter. Julien s'est levé :

– Messieurs les jurés, a-t-il dit, je ne suis qu'un paysan qui s'est révolté contre sa condition. Je ne vous demande aucune grâce. Je ne me fais pas d'illusion, la mort m'attend, elle sera juste. J'ai voulu tuer la femme la plus digne de tous les respects. Mme de Rênal avait été comme une mère pour moi. Mon crime est atroce et prémédité. J'ai donc mérité la mort. Et il s'est rassis.

Les jurés se sont ensuite retirés pour délibérer. Une heure plus tard, ils sont revenus dans la grande salle et le verdict est tombé : Julien Sorel, coupable de meurtre avec préméditation, était condamné à la peine de mort.

On a ensuite reconduit Julien en prison, dans une cellule destinée aux condamnés à mort. Mais le jeune homme était indifférent à tout. Il ne pensait qu'à une chose : à ce qu'il dirait à Mme de Rênal si, avant le dernier moment, il avait le bonheur de la voir.

Quand il s'est couché, il a compris où il était... « Ah ! Je suis dans la cellule des condamnés à mort. C'est juste... » Le lendemain matin, quelqu'un l'a réveillé en lui serrant fortement le bras. C'était Mathilde. Elle avait changé. Elle semblait malade. Elle a dit à Julien d'une petite voix :

– Il est dans la pièce voisine.

– Qui ? lui a demandé Julien d'une voix douce.

– L'avocat, pour te faire signer l'appel[34].

– Je n'appellerai pas.

– Comment ! a-t-elle dit, les yeux pleins de colère, et pourquoi, s'il te plaît ?

– Parce que je sais que je dois mourir.

---

33. Président des assises : homme qui dirige un procès dans un tribunal.
34. Appel (faire) : (demander la) révision du verdict d'un procès.

Mathilde a essayé de le convaincre mais en vain. Il ne pensait qu'à Mme de Rênal et il n'écoutait rien. Elle a alors fait entrer l'avocat mais Julien a continué à dire qu'il ne ferait pas appel. L'avocat a fini par sortir avec Mathilde.

* * *

Une heure après, alors qu'il dormait, Julien a été réveillé par des larmes qui coulaient sur sa main.

« Ah ! c'est encore Mathilde », a-t-il pensé à demi réveillé. Et il n'a pas ouvert les yeux. Il a alors entendu un étrange soupir. Cette fois, il a ouvert les yeux. C'était Mme de Rênal.

– Ah ! Je te revois avant de mourir, est-ce une illusion ?, et il s'est levé et s'est jeté à ses pieds. Mais, pardon, madame, je ne suis qu'un assassin à vos yeux…

– Monsieur… Je viens vous supplier de faire appel… Je sais que vous ne voulez pas…

– Pardonnez-moi, je vous en prie.

– Si tu veux que je te pardonne, lui a-t-elle dit en se jetant dans ses bras, fais appel.

Julien ne répondait pas et la couvrait de baisers.

– Viendras-tu me voir tous les jours jusqu'à ma mort ?

– Tous les jours, je te le jure.

Julien la serrait dans ses bras. Il était fou de joie.

– Sache que je t'ai toujours aimée, que je n'ai aimé que toi.

– Et Mlle de La Mole ? a dit Mme de Rênal.

– Pas comme toi… jamais, lui a répondu Julien.

– Et moi, j'ai toujours senti et je sens pour toi un amour qui me fait oublier tous mes devoirs… Je donnerai tout pour toi… et à nouveau nous allons nous quitter… à jamais… mais pourquoi ? Mourons ensemble tout de suite…

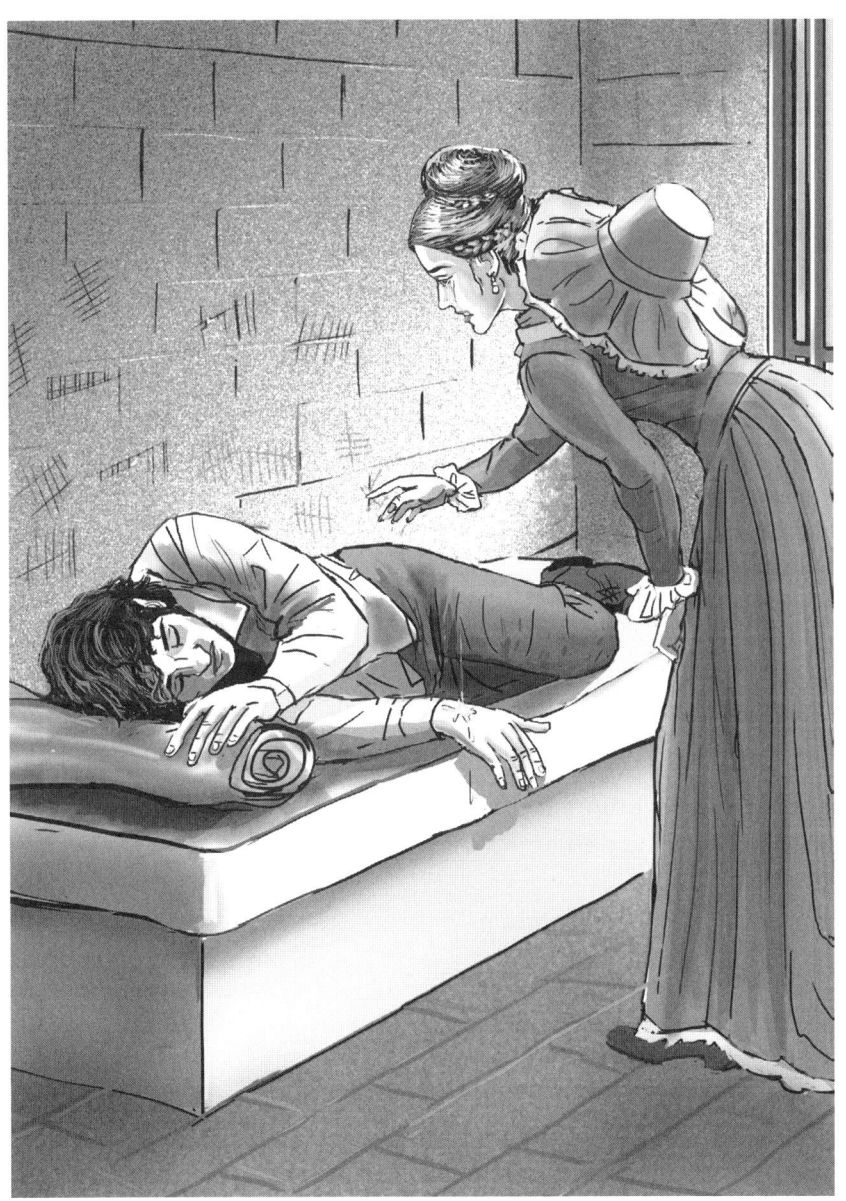

— Non, il faut que tu vives, pour mon fils, car Mathilde se mariera et elle l'abandonnera à des laquais. Jure-moi que tu n'essaieras pas d'en finir avec la vie.

— Je te le jure... mais je dois partir maintenant... En venant ici, je suis devenue une héroïne d'anecdotes... j'ai perdu mon honneur, a-t-elle dit d'un ton triste.

Julien l'a embrassée avec amour et reconnaissance. Il savait et comprenait qu'elle faisait un énorme sacrifice pour lui.

Puis Mme de Rênal s'est levée et est partie.

* * *

Mathilde est revenue voir Julien plusieurs fois. Mais sa présence l'irritait. Il voulait être seul pour ne penser qu'à Mme de Rênal.

Mme de Rênal avait obtenu la permission de le voir deux fois par semaine. Pour Julien, c'étaient les plus beaux moments de sa vie.

Mathilde venait aussi le voir. Elle savait que Mme de Rênal lui rendait visite. Sa jalousie était terrible. Elle aimait encore plus Julien et lui faisait des scènes épouvantables. Julien essayait d'être patient avec elle mais c'était plus fort que lui. Toute sa tendresse n'allait que vers Mme de Rênal. Il n'aimait qu'elle.

* * *

Le jour de l'exécution est enfin arrivé. La veille, Julien avait fait venir Fouqué et lui avait demandé d'emmener Mathilde et Mme de Rênal très loin de Besançon, le lendemain matin.

— Elles tomberont dans les bras l'une de l'autre ou se témoigneront une haine mortelle. Dans les deux cas, elles oublieront un peu leur horrible douleur. J'ai encore une chose à te demander, mon cher et fidèle ami : il y a une petite grotte dans la montagne qui domine Verrières. Tu la connais. J'ai toujours aimé cet endroit. Après ma mort, achète ma dépouille[35] – avec l'argent, on obtient tout – car c'est là que je veux être enterré.

Après la mort de son ami, Fouqué est parvenu à réaliser la triste négociation suggérée par Julien. Il a emporté le corps de son ami chez lui et a tout préparé pour l'enterrement du lendemain.

Il faisait nuit. Fouqué veillait le corps de Julien quand on a frappé à la porte. Il est allé ouvrir et s'est trouvé face à Mathilde. Comment était-ce possible ? Comment avait-elle su ? Le matin même, il l'avait conduite loin de Besançon.

Elle est entrée et a dit :

– Je veux le voir !

Fouqué n'a pas eu le courage de parler. Il l'a laissé faire. Quand il est à nouveau entré dans la pièce où reposait le corps de son ami, stupéfait, il a vu Mathilde qui embrassait la tête de Julien qu'elle avait posée sur une petite table.

*　*　*

Le lendemain, l'enterrement a eu lieu dans la montagne, comme le voulait Julien. Fouqué avait demandé à quelques prêtres amis de célébrer pour Julien le service des morts. Mathilde avait suivi le cercueil, seule dans une voiture. Elle portait sur ses genoux la tête de l'homme qu'elle avait tant aimé.

Quand la cérémonie a été finie et qu'il ne restait plus que Fouqué, elle est sortie de sa voiture et a voulu ensevelir de ses propres mains la tête de son amant. Fouqué en a presque été fou de douleur.

---

35. Dépouille : corps d'une personne qui vient de mourir.

Grâce à Mathilde, la grotte sauvage où reposait désormais Julien, est devenue d'une grande beauté. En effet, la jeune femme l'a fait orner de magnifiques marbres venus directement d'Italie.

Mme de Rênal a été fidèle à sa promesse. Elle n'a jamais cherché à en finir avec la vie mais, trois jours après Julien, elle est morte en embrassant ses enfants.

VOCABULAIRE

L'Église

Abbé : moine qui dirige une abbaye, un monastère ; prêtre catholique.
Bénitier : petit bassin qui contient de l'eau bénite.
Cathédrale : grande église qui dépend d'un évêque.
Corpus Domini **:** appelée *Fête-Dieu*, cette fête est célébrée soixante jours après Pâques.
Curé : prêtre catholique responsable d'une paroisse.
Diocèse : région placée sous l'autorité d'un évêque.
Église : bâtiment où les catholiques se réunissent pour prier.
Évêque : prêtre catholique, nommé par le pape, qui dirige un diocèse.
Messe : principale cérémonie de la religion catholique.
Prêtre : homme qui appartient à l'église catholique.
Se confesser : dire ses péchés, ses fautes à un prêtre.
Séminaire : école où étudient les futurs prêtres catholiques.
Séminariste : élève d'un séminaire qui se prépare à être prêtre.
Soutane : longue robe boutonnée devant, portée par les prêtres catholiques.
Vocation : attirance pour la religion.

Métiers d'hier et d'aujourd'hui

Armurier : personne qui fabrique ou vend des armes.

Avocat : personne dont le métier est d'aider les gens à comprendre la loi et à se défendre devant un tribunal.

Charpentier : personne qui travaille le bois.

Cuisinière : personne dont le métier est de faire la cuisine.

Domestique : personne qui s'occupe du ménage, de la cuisine ou de servir dans une maison.

Femme de chambre : domestique attachée au service intérieur d'une maison.

Gendarme : militaire chargé de faire respecter la loi et de protéger les gens.

Geôlier : gardien de prison.

Industriel : personne qui dirige ou possède une entreprise industrielle.

Jardinier : personne dont le métier est de cultiver, d'entretenir les jardins.

Laquais : serviteur qui portait autrefois une sorte d'uniforme (livrée).

Notaire : personne dont le métier est de garantir devant la loi une vente, un accord entre deux personnes.

Nourrice : femme dont le métier est de garder de très jeunes enfants.

Ouvrier : personne qui travaille de ses mains et reçoit un salaire.

Paysan : personne qui vit à la campagne et cultive la terre.

Portier : personne qui surveille les entrées et les sorties à la porte principale d'un bâtiment.

Précepteur : personne chargée de l'éducation et de l'instruction d'un enfant.

Secrétaire : personne dont le métier est de s'occuper du courrier, de classer des dossiers, etc. pour son employeur.

Valet : domestique, serviteur.

QUESTIONS POUR COMPRENDRE

Première partie

a) Au début du roman, M. de Rênal parle d'un projet à sa femme ? De quoi s'agit-il ? Quelle est la réaction de son épouse ?
b) Qui a recommandé Julien Sorel à M. de Rênal ?
c) Que se passe-t-il dans l'église quand Julien s'y rend avant d'aller chez M. de Rênal ?
d) Au début du roman, comment caractériseriez-vous Julien Sorel ?
e) Avant de connaître Julien, que craint Mme de Rênal ?
f) Quelle est la réaction de Julien quand Mme de Rênal lui propose de l'argent ? Pourquoi ?
g) Julien refuse d'épouser Élisa ? Quelle raison donne-t-il ? Qu'en pense l'abbé Chélan ?
h) Quelle « décision » Julien prend-il à Vergy ? À votre avis, qu'est-ce qui le motive à agir ainsi ?
i) À partir de la scène du jardin, quels sont les sentiments de Mme de Rênal envers Julien ?
j) Qui va essayer de briser les relations entre Julien et Mme de Rênal ? Comment ?
k) Par quel stratagème, Mme de Rênal évite-t-elle un scandale après la réception de la première lettre anonyme ?
l) Quand le curé Chélan apprend la relation entre Julien et Mme de Rênal, que fait-il ?
m) Que se passe-t-il au séminaire de Besançon ?
n) Quelle relation s'installe entre Julien et M. Pirard ?
o) Dans la cathédrale, qui revoit Julien ? Quelle est sa réaction ?
p) Quel événement important pour Julien met fin à la première partie du roman ?

Deuxième partie

a) Quel travail Julien va-t-il réaliser chez M. de La Mole ?
b) Au début de cette deuxième partie, comment sont les relations entre Julien et Mathilde ?
c) Quel changement s'opère chez Julien à partir du moment où il gagne la confiance du marquis ?
d) Qu'est-ce qui prouve que M. de La Mole apprécie énormément Julien ?
e) Quels sont les traits de caractère de Mathilde ? En quoi est-elle différente de Mme de Rênal ?
f) Julien constate un changement chez Mathilde par rapport à lui. Comment réagit-il ?
g) Comment Julien s'introduit-il chez Mathilde ?
h) Après leur premier rendez-vous, quelle est l'attitude de Mathilde envers Julien ?
i) Quel événement va bouleverser la vie de Mathilde et de Julien ?
j) Quelle décision va prendre le marquis quand il apprend la situation de Mathilde ?
k) Pourquoi change-t-il d'avis ?
l) Que se passe-t-il dans l'église de Verrières ? En quoi cette scène ressemble à la scène qui a lieu dans la même église, au début du roman ?
m) Quelle est l'attitude de Julien pendant son emprisonnement ? Pourquoi agit-il de cette façon ?
n) Quel est le verdict du procès ?
o) En réalité, Julien aime-t-il et a-t-il aimé Mathilde ?
p) Qu'arrive-t-il à Mme de Rênal et à Mathilde après la mort de Julien ?